Giuseppe Spampinato

GUIDA AL CROWDFUNDING

Tutto quello che devi sapere

Sommario

INTRODUZIONE 4

PERCHÉ SCEGLIERE IL CROWDFUNDING? 6

CHE COS'É IL CROWDFUNDING? 9

QUALI SONO LE CARATTERISTICHE DEL CROWDFUNDING? 12

A CHI SERVE IL CROWDFUNDING? 18

CHI SONO I PRINCIPALI SOGGETTI DEL CROWDFUNDING? 20

COME FUNZIONA IL CROWDFUNDING? 23

QUANTE TIPOLOGIE DI CROWDFUNDING ESISTONO? 26

    I modelli tradizionali 26

    I modelli innovativi 33

    I modelli ibridi 40

QUALE NORMATIVA REGOLA IL CROWDFUNDING IN ITALIA? 41

    Il reward-based crowdfunding 41

    Il donation-based crowdfunding 43

    L'equity-based crowdfunding 43

    Il lending-based crowdfunding 44

    Il royalty crowdfunding 45

    Il do-it-yourself crowdfunding 46

    Il civic crowdfunding 46

Il corporate crowdfunding 47

Il real estate crowdfunding 48

L'invoice trading 48

Il crowdfunding ricorrente 49

Il pre-purchase crowdfunding 49

QUALI NORME TRIBUTARIE SI APPLICANO AL CROWDFUNDING? 51

QUALI SONO LE PRINCIPALI PIATTAFORME DI CROWDFUNDING? 54

QUALI SONO I PRO ED I CONTRO DEL CROWDFUNDING? 59

Vantaggi per i foundiers 59

Vantaggi per fundiers e backers 60

Gli svantaggi per i foundiers 61

Svantaggi per i fundiers 62

COME FARE CROWDFUNDING? CONSIGLI UTILI 64

INTRODUZIONE

Negli ultimi anni si sente molto parlare di crowdfunding, letteralmente "finanziamento collettivo" (**crowd** in inglese significa folla, e **funding** finanziamento). Ad alimentare la rinomanza del crowdfunding sono sicuramente i social e la blogosfera che hanno contribuito a diffondere un nuovo modo per racimolare soldi. Qualcuno si serve del crowdfunding per realizzare un'idea mentre non manca chi chiede aiuto su internet per promuovere un'iniziativa sociale.

A prescindere dalle ragioni di fondo che spingono una persona a rivolgersi al pubblico, la questione principale rimane una sola: la società, per quanto sia apparentemente egoista, è molto più propensa ad aiutare gli altri, soprattutto se l'aiuto viene richiesto in prima persona. Insomma, verrebbe da dire che il metterci la faccia ha il suo perché, e sono tante le storie di imprenditori, blogger e gente comune che hanno raggiunto i propri obiettivi grazie al crowdfunding.

Per procedere ad una raccolta fondi esistono regole precise che rendono legittima la richiesta di soldi verso il pubblico. Da un lato bisogna inquadrare (da un punto di vista giuridico) il crowdfunding per evitare problemi con la legge. Dall'altro è necessario fin da subito ricordare un principio assoluto: per raggiungere l'obiettivo prefissato con la raccolta fondi collettiva è necessario presentare un progetto che sia allettante. Insomma che faccia breccia nel cuore delle persone.

Il crowdfunding non si esaurisce in un'unica tipologia di finanziamento. Attualmente le modalità con cui fare crowdfunding sono diverse ed alcune sono ibride, ovverosia hanno le caratteristiche di due o più tipi di finanziamento collettivo. Per fare crowdfunding ci si può rivolgere alle piattaforme accreditate il cui compito sarà quello di mettere in contatto chi chiede fondi e chi è disposto a donare soldi. Non è obbligatorio servirsi di un soggetto specializzato, ma l'opzione della piattaforma potrebbe agevolare il crowdfunding riducendo i tempi di attesa ed eventuali incombenze burocratiche.

PERCHÉ SCEGLIERE IL CROWDFUNDING?

Prima di trattare in maniera dettagliata tutti gli aspetti del crowdfunding è necessario fare una piccola premessa per capire come mai, oggi, la raccolta fondi collettiva sia più appetibile rispetto alle altre forme di finanziamento. Attualmente è possibile reperire soldi in maniera legale utilizzando diversi canali, gran parte dei quali gestiti da banche e da istituti finanziari. Il problema principale, però, rimane quello dell'accesso limitato al credito in cui si trovano gran parte delle persone che hanno bisogno di soldi. Chiedere un prestito ad un ente finanziario è spesse volte un terno al lotto: le garanzie richieste sono tantissime e la fiducia nutrita nei confronti dei debitori è pressoché pari a zero.

Esistono iniziative del governo che dovrebbero agevolare la richiesta di soldi. Un esempio fra tutti è il finanziamento a fondo perduto, ma anche gli ammortamenti fiscali da sfruttare nei primi anni di attività. Però gran parte delle volte le iniziative prevedono anch'esse la realizzazione di un progetto che dovrà essere sottoposto al vaglio di una commissione esaminatrice. Se il progetto non convince, rimane irrealizzabile perché il voto negativo della commissione preclude l'accesso ai fondi dello Stato.

In un periodo in cui la crisi economica ha falciato le piccole e le medie imprese ed ha reso impossibile la vita dei liberi professionisti, il crowdfunding ha trovato terreno fertile. Si procede alla raccolta fondi collettiva per pubblicare un libro, brevettare un'idea, promuovere una start up, finanziare una ONLUS. Non ci sono enti che valutano la solidità di un'azienda o la solvibilità di una persona fisica, né tanto meno una banca che pretende garanzie sempre più certe per l'adempimento del debito. Per tale ragione il crowdfunding è diventato virale sia in Italia che all'estero: trovare finanziamenti in maniera alternativa (ma soprattutto legale) può aiutare chiunque intenda realizzare un'idea. Certo, con il crowdfounding bisogna sempre presentare un progetto e sottoporlo al vaglio di chi può potenzialmente fornire il capitale, ma sicuramente la burocrazia è molto ridotta rispetto alla concessione di un finanziamento.

Se andiamo ad analizzare i dati statistici degli ultimi dieci anni ne viene fuori che il crowdfunding ha avuto una crescita esponenziale che supera i cento milioni di euro annui. E a servirsene in Italia sono proprio le piccole e le medie imprese, a cui si aggiungono le start up e i liberi professionisti. Il Politecnico di Milano, con il suo Osservatorio Crowdinvesting della School of Management periodicamente mette a disposizione del pubblico tutti i dati relativi al crowdfunding in Italia. Un'equipe di esperti studia le iniziative di raccolte fondi collettive promosse da professionisti ed imprese ed incrocia i dati forniti dalle piattaforme. Dai dati raccolti fino ad ora si è potuto dimostrare che l'accesso al crowdfunding è la via preferita da chi vuole fare impresa. Soprattutto dai tempi in cui ha avuto inizio la crisi economica. Nei primi sei mesi del 2018, ad esempio, sono stati raccolti ben 94 milioni di euro con il lending crowdfunding (una sorta di finanziamento con restituzione del capitale maggiorato dagli interessi), mentre con l'equity crowdfunding sono stati ottenuti poco meno di (si fa per dire) 14 milioni e 300 mila euro. Nel solo 2017 i progetti pubblicati sono stati ben 8.500, escludendo quelli promossi sulle piattaforme e che non hanno ottenuto alcun fondo. Ma la cosa più incredibile è che l'insieme dei dati appena menzionati fa riferimento esclusivamente ai progetti presentati su piattaforma, tralasciando le piccole iniziative intentate, ad esempio, mediante donazione Paypal. Il ché lascia intendere la dimensione e la versatilità del crowdfunding, un modo alternativo e sicuro per dar voce alle proprie potenzialità.

CHE COS'É IL CROWDFUNDING?

Il crowdfunding è un finanziamento che viene dal basso, ovverosia dai consumatori. Non da chi gestisce i capitali. Crowd in inglese vuol dire proprio folla, gente, e lo stesso termine viene utilizzato ogni qualvolta un'iniziativa si rivolge al popolo, o meglio, da una moltitudine di persone. Un termine simile al crowdfunding è il crowdsourcing, ossia la ricerca di idee e di opinioni richieste ad un certo numero di consumatori potenzialmente interessati ad un prodotto: quante volte si è partecipato ad un sondaggio promosso da un'azienda in merito ad un bene o ad un servizio? Ecco, il fatto di rivolgersi verso una platea indistinta di persone fanno del crowdsourcing, e contemporaneamente del crowdfunding, due strumenti dalle numerose potenzialità.

Nonostante sembri un concetto modernissimo, il crowdfunding pare abbia origini antichissime visto che lo consideriamo come un tipo di finanziamento proveniente dal popolo. Basta fare un piccolo flashback sui libri di storia per trovare esempi di progetti finanziati dalla gente comune. Attenzione! Non stiamo parlando delle infrastrutture costruite con i dazi e le gabelle, ma delle elargizioni spontanee fatte proprio dalle persone senza alcun obbligo tributario.

Un esempio storico di crowdfunding, ancora oggi sotto gli occhi di tutti, è la Statua della Libertà il cui piedistallo (il monumento, ricordiamolo, fu un regalo dei francesi), fu realizzato proprio grazie alle donazioni degli americani. La vicenda oggi appare più come una favola, ma all'epoca fu studiato un modo alquanto efficace per lanciare una vera e propria maratona (come diremo noi oggi): sul giornale *The World* apparve un annuncio in cui si chiedevano libere donazioni in cambio della pubblicazione del proprio nominativo fra le pagine della testata. Il *do ut des* (alla base del crowdfunding moderno) è rimasto tale e quale con l'aggiunta di strumentazioni moderne dall'elevate potenzialità capaci di raggiungere anche utenti che risiedono all'altro capo del pianeta.

Ed è il *do ut des*, cioè il dare per avere, il punto fondamentale su cui ruota il meccanismo del crowdfunding. Le varie tipologie di finanziamento collettivo prevedono che a fronte di una qualsiasi elargizione il contribuente abbia diritto ad un qualcosa, che sia esso un piccolo riconoscimento, un premio, un biglietto per uno spettacolo, il godimento di un'opera gratuita. I progetti più importanti, realizzati con il lending crowdfunding o con l'equity crowdfunding, rimborsano il capitale prestato con piccoli interessi oppure consentono di acquistare titoli partecipativi all'azienda che richiede il finanziamento. Gli enti pubblici e le piccole realtà locali (quali associazioni no profit, pro loco, scuole o comuni) riconoscono come beneficio qualcosa che ha a che fare con la collettività, quale potrebbe essere ad esempio l'utilizzo di un'infrastruttura pubblica ammodernata o un bene di interesse storico-culturale riportato allo splendore proprio grazie al contributo dei cittadini.

Esempi di crowdfunding sono all'ordine del giorno, basta girare lo sguardo per vedere punti di raccolta fondi per iniziative a scopo sociale. Abbiamo la raccolta fondi per la ricerca scientifica, quella per sostenere un progetto comunitario, la richiesta di donazioni per far fronte alle emergenze, gli sms solidali per la ricostruzione di una città rasa al suolo dalle intemperie. Alcuni progetti prevedono che con la donazione si ha diritto ad un piccolo regalo che potrebbe essere una pianta, un chilo di arance, un uovo di Pasqua, una confezione di cioccolatini. Altrettanti invece sono realizzati sotto forma di donazione per cui chi intende contribuire può farlo spontaneamente, senza avere nulla in cambio. Ed è questa la versatilità del crodfunding, ovverosia l'essere un finanziamento che può essere strutturato a seconda delle esigenze. Però c'è crowdfunding e crowdfunding e non tutte le iniziative di raccolta fondi possono essere considerate come vero e proprio crowdfunding.

Ultimamente si è diffusa una forma di raccolta fondi che rappresenta una via di mezzo fra il crowdfunding (presentare un progetto per raccogliere soldi) ed il prestito personale (chiedere soldi a debito, da restituire con gli interessi). É il cosiddetto P2P, *peer to peer lending* (tradotto in italiano significa prestito alla pari) scelto da professionisti e gente comune che non hanno la possibilità di accedere al credito. La ricerca del capitale avviene per il tramite di piattaforme specializzate che permettono l'incontro fra prestatori di piccole somme di capitali e potenziali debitori. Non è necessario sempre presentare un progetto mentre il *do ut des* consiste nel rimborso del prestito previo pagamento degli interessi. Questi ultimi variano a seconda della cifra richiesta e del merito creditizio del richiedente. Chi presta soldi (al contrario di alcune iniziative di crowdfunding) lo fa per arrotondare proprio grazie agli interessi.

QUALI SONO LE CARATTERISTICHE DEL CROWDFUNDING?

Abbiamo visto che esistono tanti modi per far leva sulla collettività e ottenere piccole elargizioni utili alla realizzazione di un'idea. Ma il vero crowdfunding ha delle caratteristiche essenziali senza le quali rimarrebbe una forma di finanziamento comune.

Innanzitutto la definizione di un progetto (o di una campagna di crowdfunding) serve per promuoversi verso il pubblico, quindi per farsi conoscere. Il progetto deve essere allettante, deve invogliare una comunità, deve suscitare l'interesse di chi ha le disponibilità economiche. Se si desidera realizzare un prodotto il relativo progetto deve possedere quelle caratteristiche tali da far breccia verso i potenziali consumatori, i quali sono ben disponibili nel finanziare la produzione del prodotto perché saranno probabilmente i primi ad utilizzarlo.

Detto in questi termini il crowdfunding richiede una forma di pubblicità ben strutturata che sappia comunicare le effettive intenzioni di chi chiede i soldi. Una campagna di successo spesso prescinde dal tipo di oggetto contenuto al suo interno, perché ha saputo far leva sulla sua credibilità e sulla sua fattibilità. Quando si chiedono finanziamenti per realizzare o ristrutturare un'infrastruttura pubblica (utile, ad esempio, solo alle persone che vivono in quel territorio) si prende come riferimento l'utilità della stessa e i benefici che l'opera potrebbe avere nella collettività. Se si chiedono soldi per la realizzazione di un evento si cerca di proporre il vantaggio che gli utenti trarrebbero dalla stessa iniziativa: un evento a scopo culturale potrebbe portare benefici al turismo, quindi alle strutture ricettive, ai ristoranti, al comune che promuove l'evento, alla popolazione che si fa conoscere al di fuori dei propri confini. Una start up che ricorre al crowdfunding per realizzare un prodotto innovativo dimostra come lo stesso sia utile e necessario per la vita di tutti i giorni. Proporlo sul mercato significherebbe aumentare la concorrenza e offrire un'alternativa migliore ad un prezzo più basso rispetto ai beni attualmente commercializzati dai competitor.

Il progetto deve essere ben definito, proprio come se fosse il business planning di un manager. Al suo interno dovranno essere individuati il budget (la cifra necessaria per la realizzazione dell'iniziativa), il piano d'azione (come verrà concretizzato il progetto), le modalità con cui contribuire, la tipologia di crowdfunding scelta e gli eventuali benefit a favore degli investitori.

Secondo elemento imprescindibile del crowdfunding è quello di rivolgersi ad una comunità indeterminata di persone all'interno della quale sono presenti soggetti potenzialmente interessati al progetto che possono finanziare con piccole somme. L'indeterminatezza dei finanziatori distingue il crowdfunding dal finanziamento presso gli istituti di credito. Quando si chiede un prestito personale ci si rivolge alla propria banca di fiducia che valuta il nostro merito creditizio e le garanzie che offriamo per la restituzione del debito. Con il crowdfunding non sappiamo (almeno all'inizio) chi sia la persona che ci offrirà del denaro: può essere lo studente che ha messo da parte una piccola somma ricevuta come borsa di studio, oppure il lavoratore che trova conveniente donare del denaro per quella specifica iniziativa. Quello della Statua della Libertà è un esempio lampante, perché i soldi per la costruzione del piedistallo provenivano dalla gente comune che, donando la modica somma di un dollaro o poco più, sono arrivati a raggiungere la cifra di 100 mila dollari, necessaria per la realizzazione dei lavori. Facendo due conti i finanziatori furono poco più di 100 mila, ma è stato proprio l'elevato numero di creditori a far raggiungere il risultato sperato.

Sempre seguendo l'esempio americano, possiamo tracciare il terzo elemento tipico del crowdfunding: gli strumenti utilizzati per diffondere il progetto e raccogliere i fondi. All'epoca fu d'aiuto una testata giornalistica di rilevanza nazionale. Oggi viene adoperato internet la cui viralità riesce a raggiungere anche persone distanti migliaia di chilometri. Attualmente più del 70% della popolazione italiana fa uso di internet, chi quotidianamente, chi saltuariamente. Non esiste smartphone, tablet o PC che non sia contemporaneamente connesso ad una rete internet. Gran parte degli utenti è iscritto ad uno o più social, e chi non lo fosse segue le principali notizie grazie ai motori di ricerca. Come se non bastasse entrano in gioco la condivisione di notizie (il cosiddetto sharing) e il linguaggio SEO: basta saper utilizzare questi due strumenti per essere facilmente individuabili da chiunque. Se il *The World* era un giornale potenzialmente letto da centinaia di migliaia di americani, attualmente internet è alla portata di miliardi di persone. Fra questi ci sarà sicuramente qualcuno interessato all'iniziativa, qualcuno disposto a cedere denaro per la realizzazione di un progetto. Perché non utilizzare il web per promuoversi magari sfruttando i social o i blog e impostando un articolo con il linguaggio SEO? Ci sarà più di una persona interessata a quell'iniziativa, magari per questioni personali, o perché mossa dal senso di altruismo. A prescindere dal tornaconto, il web potrebbe rappresentare il trampolino di lancio per chi oggi desidera fare impresa.

Il quarto elemento è il *do ut des*, non sempre necessario per la raccolta fondi collettiva. Esistono crowdfunding basati sulla semplice donazione, mentre altri promettono un certo beneficio a fronte di un'elargizione. In quest'ultimo caso il *do ut des* deve essere vantaggioso, deve incentivare la raccolta fondi e puntare su più persone interessate. Molte persone non fanno niente per niente e sarebbero ben propense nel cedere parte dei loro soldi avendo in cambio un certo vantaggio. Questo vantaggio può essere di tipo economico, come ad esempio la restituzione del capitale prestato maggiorato degli interessi (chiunque darebbe soldi se fosse certo di vederseli restituiti con tanto di guadagno), oppure la partecipazione societaria mediante la vendita di titoli. Con la vendita dei titoli si diventa proprietari di una quota azionaria i cui benefici si traducono in diritti patrimoniali ed amministrativi: in una società gran parte delle scelte sono dovute alla libertà dei soci che, partecipando alle varie assemblee, deliberano sulle iniziative promosse dall'azienda. Inoltre essere titolari di azioni significa partecipare agli eventuali profitti societari. A conclusione dell'esercizio (cioè ogni fine anno) i guadagni ottenuti dalla società saranno divisi fra i soci che parteciperanno ai dividendi in base alla percentuale di azioni in loro possesso. Se non è questo un vantaggio!

Oltre ai benefici economici esistono altri tipi di riconoscimento, meno profittevoli ma pur sempre allettanti per chi decide di dare dei soldi. Pensiamo ad un progetto per la pubblicazione di un libro ed alla possibilità di leggerlo gratuitamente senza acquistarlo. Oppure all'opportunità di ottenere biglietti gratis per la visita di un museo o la visione di un film, all'omaggio di un prodotto o al vedere il proprio nome fra coloro che hanno supportato l'iniziativa. Abbiamo parlato degli enti pubblici che ricorrono al crowdfunding per ottenere finanziamenti da investire nelle opere pubbliche. Mettiamo caso che un comune intenda ristrutturare un antico castello da aprire al pubblico, oppure mettere a nuovo un parco abbandonato. I cittadini di quel comune avrebbero un castello da visitare durante le domeniche ma anche una villa pubblica dove passeggiare, fare sport, portare i figli nel pomeriggio o trascorrere la pausa pranzo con i propri colleghi.

Infine il quinto elemento: gli strumenti per la raccolta fondi, ossia le piattaforme di crowdfunding. Ne esistono tantissime e sono sia italiane che internazionali. L'uso delle piattaforme accreditate ha un duplice vantaggio:

1. ci si affida ad un esperto del settore che si occuperà di far incontrare la domanda e l'offerta, cioè chi cerca soldi e chi è disposto a darli;
2. non si incontreranno troppi problemi in merito alle questioni burocratiche e fiscali.

Con il pagamento di un contributo le piattaforme tutt'ora presenti sul web offrono diversi servizi a chi desidera promuovere un'iniziativa. Alcuni, ad esempio, aiutano i promotori nella strutturazione del progetto, mentre altri svolgono servizio di consulenza per sapere quale sia il tipo di crowdfunding più adatto alle proprie esigenze. E poi c'è la questione della credibilità, il che non è da sottovalutare. Le frodi sono dietro l'angolo e non sono rari i casi in cui una raccolta fondi si trasforma in uno specchietto per le allodole. Le piattaforme, quindi, sono attendibili per chi presenta un progetto e per chi intende finanziarlo. Quest'ultimo si sentirebbe più sicuro nell'utilizzare uno strumento accreditato piuttosto che sperare nell'onestà del promotore.

A CHI SERVE IL CROWDFUNDING?

A questo punto la domanda sembra essere retorica visto che il finanziamento collettivo serve principalmente ha chi ha un'idea da realizzare ma non possiede alcun appoggio economico. Perché, diciamo la verità, ogni tipo di iniziativa, sia essa imprenditoriale o non imprenditoriale, ha bisogno di un minimo di capitale per essere attuata, o per lo meno portata avanti. E per tale ragione il crowdfunding può servire a:

- imprese e ditte, aziende o piccole realtà imprenditoriali;
- liberi professionisti e free lance;
- associazioni non profit, ONLUS e comunità sociali;
- start up, società e cooperative;
- enti territoriali e comitati;
- scuole ed università,
- privati che intendono portare avanti un progetto.

Ma il crowdfunding si rivela utile anche alle controparti, ovverosia a coloro che intendono investire liquidità in un progetto determinato. Il sostegno economico di un blog può essere incentivato dal fatto di avere l'opportunità di leggere notizie interessanti che non si trovano altrove. Finanziare un reportage o un quotidiano potrebbe avere come tornaconto la possibilità di ottenere informazioni indipendenti e obiettive.

Il crowdfunding nelle forme *equity* e *lending* serve agli investitori per partecipare attivamente in una società (in qualità di soci) o per trarre profitto dal prestito del capitale. E se qualcuno ha da parte una piccola somma di denaro che intende far fruttare, può destinarla ad un'iniziativa di lending crowdfunding anziché optare per i tradizionali strumenti finanziari.

Qual è la differenza? Con gli strumenti finanziari c'è l'elevato rischio di perdere denaro se non si è in grado di impostare un'ottima strategia e non si mastica finanza tutti i giorni. L'investimento nel lending crowdfunding o nell'equity crowdfunding, per quanto siano apparentemente rischiosi, coinvolgono gli investitori in prima persona (nell'uno con le garanzie tipiche di un qualsiasi prestito, nell'altro con i diritti patrimoniali ed amministrativi riservati ai soci azionari).

CHI SONO I PRINCIPALI SOGGETTI DEL CROWDFUNDING?

Entriamo nel gergo tecnico per cercare di capire chi sono i principali attori del crowdfunding, ovvero, il promotore di un progetto, una piattaforma, dei professionisti che supportano l'idea e gli investitori. Nel gergo economico (che ci sarà utile per analizzare più da vicino il fenomeno del finanziamento collettivo) possiamo definire questi soggetti così:

- i **founders**, ossia i fondatori del progetto. Il termine proviene dal mondo delle start up innovative dove i founders non sono altro che i soci promotori dell'iniziativa imprenditoriale, insomma quelli che hanno l'idea innovativa di mettere in piedi un'impresa moderna;

- i **funders**, cioè gli investitori. Funders e crowdfunding hanno la medesima radice nella parola ''fund'' che significa fondo. I funders sono quindi coloro che finanziano il progetto mediante acquisto delle quote o cessione del credito. Chi dona spontaneamente dei soldi senza nulla in cambio si chiama *backer*, cioè sostenitore;

- il **crowdfunder** è il professionista che si occupa di far incontrare i founders con i funders o i backers e ha un ruolo fondamentale all'interno della piattaforma. In linea di massima egli gode di una posizione neutrale, perché non fa gli interessi né di chi promuove il progetto, né di chi lo finanzia. Il crowdfunder è il gestore della piattaforma, tanto che per diventare un crowdfunder di successo bisogna avere competenze in materia economica, masticare bene la legislazione nazionale, cavarsela con i social network ed avere una spiccata capacità manageriale.

A servirsi del crowdfunder è generalmente il promotore dell'iniziativa, che chiede delucidazioni in merito alla stesura del progetto. Gli investitori del progetto possono rivolgersi al crowdfunder per scegliere la miglior campagna da finanziare.

Founders, funders, backers e crowdfunder si incontrano su una piattaforma di crowdfunding strutturata per essere intuitiva e di facile consultazione. Il founder carica il progetto una volta redatto secondo le linee guida fornite dal crowdfunder. I fundiers e i backers procedono al finanziamento dell'iniziativa secondo le modalità di erogazione previste dalla piattaforma. Di solito le transazioni avvengono mediante l'uso di carte di credito o bonifici bancari, ma non mancano crowdfundiers che accettano moneta elettronica. Raggiunta la soglia stabilita per il progetto questo viene chiuso e, nei tempi pattuiti, la somma passerà dalla piattaforma ai founders.

Per l'aiuto del crowdfundier e l'utilizzo del portale viene richiesta una commissione commisurata in percentuale rispetto al budget ottenuto con il finanziamento. La percentuale può variare a seconda del progetto, ma anche in base al tipo di finanziamento ottenuto. Se i fundiers hanno optato per un prestito, la percentuale includerà anche una parte degli interessi stabiliti per il prestito: gli interessi serviranno a coprire eventuali fondi di protezione in caso di insolvenza.

COME FUNZIONA IL CROWDFUNDING?

Il meccanismo alla base del crowdfunding è tanto semplice quanto particolare perché a contribuire alla realizzazione di qualsiasi iniziativa può essere chiunque, come chiunque potrebbe essere colui che necessita del finanziamento.

Mettiamo caso che abbia in mente una brillante idea e che questa idea potrebbe in futuro trasformarsi nel mio lavoro. O magari questa idea potrebbe essere un'opportunità per la mia carriera. Per concretizzare quello che ho in mente avrò sicuramente bisogno di soldi, che dovranno servire per l'acquisto di tutto ciò che sta alla base del mio progetto. Non posso rivolgermi ad un istituto di credito perché:

1. la cifra potrebbe essere troppo irrisoria da rappresentare più un costo che un vantaggio se chiedessi un prestito personale. In altri termini mi troverei a pagare più interessi rispetto all'utilità del capitale stesso che in fin dei conti mi serve soltanto per lanciare la mia idea. Oppure la cifra è troppo alta per essere stanziata da una banca;

2. non ho garanzie che potrebbero accertare la solvibilità del mio debito. Non ho uno stipendio o magari sono precario, o forse sono una scuola che intende promuovere un progetto per gli alunni ma non ho i finanziamenti necessari per farlo;

3. sono una piccola impresa che vorrebbe sviluppare un brevetto ma le spese di realizzazione sono troppo esose e nessuna banca finanzierebbe un qualcosa che potrebbe non andare bene sul mercato.

Io però questa idea voglio realizzarla, così trovo su internet informazioni che riguardano il crowdfunding. Leggo le varie iniziative portate a termine e cerco la migliore piattaforma adatta alle mie esigenze. Contatto lo staff per ottenere un supporto e un crowdfunder che mi aiuti nella redazione della campagna di crowdfunding. D'altronde so poco di come si stila un'iniziativa per raccogliere soldi e, come se non bastasse, non so neanche come utilizzare una piattaforma di crowdfunding.
Il crowdfunder mi supporta nella realizzazione del progetto e mi aiuta a caricare online l'iniziativa. Nel frattempo pubblicizzo la mia idea sui miei social e invito chiunque fosse interessato a donare qualcosa a mio favore. Amici, parenti e follower individuano il mio progetto sulla piattaforma, si iscrivono sul sito accedendo con il proprio account Google o Facebook e fanno un lascito a loro piacimento. Riesco a raggiungere il budget necessario in poco più di due mesi, a questo punto posso chiudere il progetto, remunero la piattaforma che mi ha ospitato e ritiro i soldi secondo le modalità pattuite in precedenza. Con i soldi raccolti inizio a dar vita alla mia idea che, poco a poco, diventa realtà. Se ho scelto un finanziamento collettivo nella forma del prestito, inizierò a restituire quanto ottenuto con la vendita dei prodotti da me realizzati. Qualora invece abbia concordato con il

riconoscimento di qualche beneficio provvederò ad inviare ai funders o ai backers quanto ho promesso loro.

Le piattaforme possono adottare diversi tipi filosofia, diciamo una sorta di modus operandi che può andare a vantaggio dei founders. Alcune impostano il modello dell'**all-or-nothing** (o tutto o niente), altre optano invece per il **keep-it-all** (prendi tutto ciò che hai). Spieghiamo bene le differenze fra i due schemi.

Per ogni campagna di crowdfunding viene di solito fissato un budget, una soglia minima di finanziamento per la sua realizzazione. Se la fortuna gioca a favore dei promotori, la soglia può essere raggiunta in pochissimo tempo, mentre qualora la buona sorte si mettesse contro diventerà difficile ottenere il minimo indispensabile. Quando la piattaforma adotta il modello **all-or-nothing**, il budget minimo deve essere obbligatoriamente raggiunto, pena la chiusura del progetto senza alcun tipo di finanziamento. Se il portale offre l'opportunità del **keep-it-all**, il founder potrà prelevare il denaro raccolto a prescindere dal raggiungimento del budget fissato. La differenza nell'uno e nell'altro modello risiede spesso nelle commissioni dovute alla piattaforma di crowdfunding: la percentuale maggiore sarà prevista per il modello **keep-it-all**.

QUANTE TIPOLOGIE DI CROWDFUNDING ESISTONO?

Ne esistono diverse ed alcune tipologie di crowdfunding sono ibride, ovverosia rappresentano la commistione degli elementi appartenenti ai modelli tradizionali. A dire il vero i modelli di crowdfunding possono distinguersi in classici e moderni, e la continua evoluzione degli stessi porta al concepimento di nuove tipologie di finanziamento collettivo. Ma andiamo per gradi e vediamo quali sono i modelli tipici di crowdfunding.

I modelli tradizionali

Il modello più diffuso è senza dubbio il **reward-based crowdfunding** che si riconosce perché chi propone un progetto offre in cambio un reward, cioè una ricompensa. La ricompensa non è economica perché altrimenti si tratterebbe di un finanziamento. Il reward è di tipo emozionale e generalmente ha un valore economico proporzionale rispetto all'ammontare della donazione individuale. Potrebbe essere quindi la lettura di un libro, la visione di un film, i biglietti gratuiti per l'evento finanziato, ma anche il tester di un prodotto realizzato grazie alla raccolta fondi. Il modello **reward-based crowdfunding** viene scelto di solito da imprese, enti, persone fisiche e free lance, mentre il riconoscimento dovrebbe essere in linea con la mission del progetto. Cosa significa questo? Che se si chiedono soldi per la creazione di un laboratorio editoriale la ricompensa non sarà di certo una frase di ringraziamento! Magari il primo abbonamento alla rivista potrebbe essere un ottimo reward.

Il secondo modello è il **donation-based crowdfunding**, il sistema più diffuso per la raccolta fondi da destinare ad iniziative sociali. Quello che differenzia il donation-based dal reward-based è la mancanza di una ricompensa da riconoscere a chi dona soldi: costui contribuisce alla realizzazione di un progetto solidale o di una campagna etica spinto esclusivamente da spirito di liberalità. In realtà non è vero che non esistono incentivi con il **donation-based crowdfunding**, perché il tornaconto è misurabile, gran parte delle volte, in termini fiscali. Quando qualcuno dona somme di denaro a favore di ONLUS ed associazioni no profit ha l'opportunità di dedurre e di detrarre dalla dichiarazione dei redditi quanto ha versato come liberalità. L'importanza delle agevolazioni fiscali sta proprio nel risparmiare sulle imposte da dare all'erario, poiché deduzioni e detrazioni fiscali non sono altro che una riduzione del reddito imponibile (deduzioni) e dell'imposta IRPEF o dell'IRES (detrazioni).

Chiunque aderisce ad un progetto di **donation-based crowdfunding** lo fa perché mosso da altruismo e dalla volontà di aiutare gli altri, ragion per cui i soggetti che promuovono il **donation-based crowdfunding** sono generalmente ONLUS ed associazioni no profit. Molto spesso, però, le donazioni sono richieste da soggetti privati che preferiscono donazioni di diverso genere per sostenere una propria iniziativa o per una buona causa. I progetti possono essere differenti e non necessariamente legati a questioni umanitarie (raccolta fondi per i poveri, per i senza tetto, per le associazioni che supportano le vittime di violenza, per gli sfollati, o altro), mentre le campagne promosse da privati potrebbero riguardare motivazioni differenti, come ad esempio la ricerca di sostegno economico per affrontare un'importante operazione chirurgica o aiutare una persona nell'affrontare un viaggio all'estero per una cura specialistica.

Il terzo modello è l'*equity-based crowdfunding*, il cui elemento principale è quello di ottenere fondi dietro un corrispettivo molto importante: la partecipazione sociale. In effetti l'*equity-based crowdfunding* è apprezzato principalmente dalle società di capitali che per reperire liquidità propongono quote azionarie o quote partecipative. Negli ultimi anni l'*equity-based crowdfunding* si è esteso anche alle PMI, ovverosia alle piccole ed alle medie imprese ed alle start up innovative. Dovendo cedere parte dei diritti patrimoniali ed amministrativi, le aziende che ricorrono all'*equity-based crowdfunding* devono, per lo meno, costituirsi sotto forma di S.R.L., anche nella forma semplificata. Il perché è facile da spiegare, in quanto le società di capitali a responsabilità limitata hanno personalità giuridica autonoma con conseguente autonomia patrimoniale e decisionale.

Con l'*equity-based crowdfunding* si crea un'alternativa differente rispetto alle soluzioni tradizionali. Una società quotata sul mercato e una S.R.L. che vende quote partecipative devono seguire un iter burocratico spesse volte complesso e non sempre utile al reperimento esterno di capitali. Come se non bastasse i costi da sostenere sono importanti mentre con l'***equity-based crowdfunding*** le spese si riducono alla gestione ed all'amministrazione del progetto (a cui si aggiungono, tutt'al più, i servizi offerti) da parte delle piattaforme accreditate.

Chi aderisce all'***equity-based crowdfunding*** finanziando il progetto di una start up o di un'impresa diventa a tutti gli effetti socio della stessa: la compagine sociale viene ampliata da persone che conferiscono liquidità in cambio di diritti patrimoniali. L'***equity-based crowdfunding*** è, però, un'operazione particolare, tanto da essere annoverata fra i finanziamenti sotto forma di capitali di rischio. Il socio che conferisce liquidità può sì partecipare ai dividendi ed esercitare il diritto di voto all'interno dell'assemblea dei soci, ma non è detto che la chiusura di un esercizio apporti sempre un guadagno. Un'attività commerciale è soggetta a fluttuazioni e spesso può essere influenzata da fattori esterni, quali crisi economiche, inflazione, concorrenza spietata, o altro. Ragion per cui un'azienda potrebbe subire delle perdite e chiudere con un disavanzo di bilancio ed il socio diventato tale grazie all'***equity-based crowdfunding*** subirà il rischio dell'attività d'impresa, non potendo pretendere alcun profitto qualora l'azienda si trovasse in default.

Il ***lending-based crowdfunding*** è conosciuto anche con il termine ***peer-to-peer (P2P)***, cioè prestito alla pari. Si tratta di una forma di finanziamento che rappresenta l'alter ego dei prestiti personali e dei piccoli finanziamenti che si ottengono facendo ricorso ad una banca. A prestare soldi, infatti, non è un soggetto accreditato, bensì un numero determinato di finanziatori che mettono a disposizione i propri risparmi a chi ne avesse bisogno. Con il **lending-based crowdfunding** si annullano i passaggi burocratici tipici di un istituto finanziario, ma è sempre richiesta una qualche forma di garanzia per accertare la credibilità del debitore e la sua propensione alla restituzione del debito. Non è immediato ottenere soldi con il P2P, perché le piattaforme accreditate richiedono una serie di documentazioni atte a comprovare la solidità dei debitori. A seguito di un'accurata analisi basata sull'incrocio dei dati forniti da debitore e da istituti accreditati, il crowdfunder riconoscerà un rating (una valutazione) da cui potrà essere determinato il piano di rientro del prestito. Il rating verrà calcolato in base ad alcuni fattori, quali potrebbero essere il merito creditizio e la storia del debitore: se nel corso del tempo si è stati segnalati presso il **CRIF** (*Centrale Rischi Finanziari, ovvero la banca dati privata che si occupa di creare un database con funzione di sistema di informazione creditizia*) come cattivi pagatori, o addirittura si sono avuti protesti su assegni privi di provvista, il rating sarà di livello basso e gli interessi sul capitale potrebbero essere elevati. Al contrario il debitore che risulterà pulito potrà ottenere un rating alto e godere della fiducia dei risparmiatori oltre a tassi di interesse minori.

Si ricorre al **lending-based crowdfunding** quando l'alternativa bancaria risulta osteggiata da qualche difficoltà oppure per evitare di venire a contatto con gli istituti di credito. Le piattaforme di social lending sono numerose e gran parte di esse offrono servizi di consulenza sia per chi vuole prestare soldi, sia per chi ricorre al debito. Ma il successo delle stesse risiede nella capacità di ridurre al minimo il rischio di insolvenza ripartendo eventuali perdite su moltissimi finanziatori. In altre parole una banca con un debitore inadempiente subirebbe una forte perdita di capitale (è un solo soggetto a prestare soldi, nonostante la liquidità provenga dai depositi bancari e dai risparmi dei clienti). Con il P2P la perdita viene ripartita fra tanti prestatori quanti sono coloro che hanno contribuito all'erogazione del prestito. Ma dire perdita non significa che il prestatore ci rimetterà sempre, perché le piattaforme in questione sono dotate di fondi di protezione da cui attingere in caso di insolvenza. Il piccolo prestatore sarà ripagato delle somme versate prive degli interessi promessi, il debitore potrà essere perseguito civilmente, l'intermediario potrà chiedere oneri maggiori proprio per far fronte alle eventuali inadempienze.

Il **royalty crowdfunding** corrisponde all'equivalente figura giuridica italiana dell'associazione in partecipazione in cui l'associante attribuisce dei diritti di partecipazione agli utili direttamente all'associato. L'associante è il debitore, l'associato colui che presta denaro ma, a differenza dell'equity e del lending crowdfunding, con il royalty l'associante mantiene il totale controllo e la proprietà dell'attività commerciale senza l'obbligo di restituire il debito maggiorato degli interessi. La partecipazione agli utili rappresenta quindi un rischio per chi aderisce ad un'iniziativa di **royalty crowdfunding**, perché il vantaggio economico si realizzerà solo una volta che l'attività commerciale sarà portata a termine: se un bene o un servizio non fossero venduti (o dalle vendite complessive l'azienda non riuscisse a trarre un guadagno) si finirebbe col perdere quanto è stato investito. Con il lending crowdfunding il debitore inadempiente può essere perseguito per legge, con l'equity crowdfunding i creditori partecipano ai dividendi dell'azienda vantando il diritto di essere rimborsati (per ultimi rispetto agli altri creditori della società) in sede di procedura fallimentare. Con il **royalty crowdfunding** c'è la possibilità di guadagnare sui diritti derivanti dalla realizzazione di un'opera, che siano essi i diritti di distribuzione, di vendita, di concessione.

Il **royalty crowdfunding** viene ampiamente adoperato nel campo dei diritti d'autore e della proprietà industriale (marchi, brevetti, invenzioni, disegno industriale, o altro) poiché i royalty non sono altro che i diritti economici vantati sul bene: l'azienda chiede fondi per la realizzazione di un progetto, quale potrebbe essere la commercializzazione di un prototipo sviluppato solo sulla carta. In cambio la stessa azienda prometterà di riconoscere una percentuale di utili da tutte quelle attività che riguarderanno quel prototipo, che siano esse la cessione dei diritti economici per la produzione e la commercializzazione del bene (le cosiddette licenze d'uso) o la vendita diretta del prodotto.

Alcuni sostengono che il royalty crowdfunding sia un modello ibrido, una via di mezzo fra l'equity crowdfunding ed il reward crowdfunding. In realtà potrebbe essere considerato come una tipologia di finanziamento collettivo a sé stante poiché da un lato non riconosce diritti ammnistrativi sull'azienda (chi presta soldi non diventa socio), mentre dall'altro il vantaggio non è puramente emozionale, quanto invece esclusivamente economico.

I modelli innovativi

La versatilità del web e le differenti iniziative hanno contribuito alla nascita ed alla diffusione di nuovi modelli di finanziamento collettivo in grado di conformarsi alle esigenze di debitori e prestatori. Questi modelli variano a seconda del soggetto promotore, delle modalità con cui vengono raccolti i soldi e dei benefit riservati ai finanziatori. Vediamo insieme le nuove tipologie di crowdfunding.

Il primo modello è il **do-it-yourself**, forse quello che maggiormente spopola fra siti internet, social e blog. Il motto è quello del **"fare tutto da soli"** (*do it yourself*, appunto) perché non si ricorre all'uso di una piattaforma, quanto invece ad applicazioni che possono essere importate sui propri spazi virtuali. Che siano widget, app o link, con il **do-it-yourself crowdfunding** una persona può raccogliere donazioni personalmente, magari per costruire il proprio sito, progettare e vendere l'app di uno smartphone, mandare avanti un blog che fornisce tanti spunti ed informazioni utili per i propri utenti, trovare soldi per una cura medica. Il **do-it-yourself crowdfunding** si riconosce facilmente perché sul sito o sulle pagine di un blog viene apposto un bottone (a lato della pagina web o ai piedi di un articolo) con il riferimento alla donazione: cliccando il pulsante l'utente verrà indirizzato su una piattaforma, non di crowdfunding ma, di gestione denaro, quale potrebbe essere Paypal. L'utente è libero di donare quanto desidera compilando i dati richiesti dalla piattaforma. Una volta convalidata la transazione, la donazione sarà accreditata sul portafoglio virtuale del donatario ed addebitata sul conto del donante.

I benefici del ***do-it-yourself crowdfunding*** non sono molti, per cui si ricorre alla solidarietà ed all'altruismo di chi legge un blog o segue un utente su di un social, ma l'aver compiuto una buona azione e l'aver contribuito al miglioramento di un sito potrebbe rappresentare molto più di un vantaggio!

A seguire abbiamo il ***civic crowdfunding***, caratterizzato dallo scopo civico su cui si basa l'intero progetto. La particolarità di questa forma di finanziamento sta nel senso di appartenenza e nella volontà di contribuire al miglioramento ed alla riqualificazione delle aree che si abitano, per questa ragione si rivolge di solito alla comunità formata dagli abitanti del territorio. Dici civico e la prima cosa che viene in mente è proprio il comune, o comunque qualsiasi ente territoriale deputato alla gestione ed all'amministrazione di un determinato settore. Dire che il ***civic crowdfunding*** sia un modello nuovo è un eufemismo, perché la costruzione del piedistallo della Statua della Libertà è il primo esempio di finanziamento collettivo civico. Gli elementi di allora corrispondono a quelli del ***civic crowdfunding*** se si pensa alla residenza (in un determinato territorio), all'interesse generale (che raggruppa un'intera comunità), alla voglia di contribuire per il bene della città ed alla partecipazione attiva di una pubblica amministrazione. All'epoca il mezzo di diffusione fu il giornale, oggi sono i social e l'universo del web, ma la sostanza rimane la stessa perché la civiltà di una zona si misura in base al rispetto che i cittadini nutrono per il proprio comune.

Il **civic crowdfunding** funziona in maniera semplice: l'amministrazione interessata promuove un'iniziativa che generalmente interessa tutta la comunità (si potrebbe trattare del restauro di un immobile o della riqualificazione di un'area). L'iniziativa viene diffusa tramite piattaforma ma contemporaneamente pubblicizzata sui social e dai mass media. Molte volte l'amministrazione stanzia una parte dei soldi, mentre altre volte non possiede disponibilità economiche: i cittadini che intendono contribuire al progetto possono, in entrambi i casi, donare servendosi della piattaforma. Non è necessario essere residenti della zona per finanziare un progetto. Anche l'abitante di un'altra regione potrebbe supportare la campagna. Qualora si raggiungesse la soglia prevista, il progetto verrà chiuso nell'attesa che il capitale venga trasferito a favore dell'amministrazione. Ogni spesa ed ogni tipo di uscita effettuata con i soldi raccolti per il tramite del **civic crowdfunding** dovrà essere documentata e resa disponibile sui siti della pubblica amministrazione (è una questione di trasparenza, direbbe qualcuno).

Andiamo adesso ad analizzare una tipologia di crowdfunding che pare abbia origini tutte italiane che coinvolge realtà imprenditoriali di piccole e medie dimensioni: **il corporate crowdfunding**. Fino ad ora abbiamo parlato di privati, cittadini, risparmiatori, donatori, ma il **corprate crowdfunding** ha la peculiarità di avere come finanziatori esclusivamente le imprese (d'altronde corporate significa proprio azienda). Questa tipologia di finanziamento collettivo è ancora poco diffusa, vuoi per mancanza di disponibilità economiche, vuoi per la riluttanza che alcune aziende nutrono nelle iniziative collettive, ma questo non vuol dire che tutte le imprese sono contrarie alla promozione ed al supporto economico di un progetto. Il progetto ha generalmente valenza sociale e può essere di tipo culturale o artistico. In alcuni casi si cerca di finanziare un'iniziativa artistica (come una mostra o uno spettacolo), in altri si incoraggiano nuovi talenti attraverso l'indizione di un concorso.

A dire il vero la scarsa adesione al **corporate crowdfunding** risiede nell'assenza di vantaggi tangibili che potrebbe trarre l'impresa: con il **corporate crowdfunding** il benefit che si riceve viene valutato in termini di sponsor. In altre parole l'azienda che aderisce al **corporate crowdfunding** ottiene come tornaconto la menzione del contributo su locandine ed articoli redazionali e la pubblicità che se ne trae sembra avere meno efficacia di una propaganda diffusa con altri mezzi di comunicazione. Eppure alcune realtà imprenditoriali hanno colto la palla al balzo poiché l'essere associati ad un'iniziativa benefica, culturale o artistica pare abbia maggior impatto sul pubblico e sui consumatori. Immaginiamo un'azienda di moda che promuove il lancio di giovani designer italiani o finanzia il restauro di un'opera pubblica: quanti spotted, cinguettii, commenti, articoli e post riceverebbe dalla buona azione?

Quando si parla di investimenti il nesso logico che viene subito in mente è il settore immobiliare. I nonni dicevano che investire sul mattone fosse il miglior modo per costruirsi il futuro, e il crowdfunding oggi viene proprio in aiuto. No, non si tratta di acquistare una casa o un pezzo di terra, quanto invece di prestare soldi alle imprese edili per la costruzione di un'opera urbana. Il termine specifico per indicare questo tipo di finanziamento collettivo è **real estate crowdfunding** (letteralmente investimento in beni immobili), mentre i vantaggi degli investitori si traducono nella possibilità di trarre profitto dalla partecipazione al progetto immobiliare. Il **real estate crowdfunding** sembra essere un modello di finanziamento ibrido, poiché si basa sulla remunerazione degli investitori o per il tramite di partecipazioni societarie, oppure restituendo il capitale investito maggiorato degli interessi. Eppure il **real estate crowdfunding** rimane un modello a sé perché appositamente studiato proprio per il settore immobiliare (ad esempio il limite massimo di fondi ammesso dalla legge per ciascun progetto non può superare i 5 milioni di euro).

I vantaggi del **real estate crowdfunding** sono soprattutto misurabili in termini di opportunità per le imprese edili le quali, gran parte delle volte, trovano serrate le porte di banche e di istituti finanziari. Con il **real estate crowdfunding** le imprese edilizie suddividono il capitale in prestito in uno o più parti: una quota viene finanziata dagli enti creditizi, la restante quota viene raccolta dalle piattaforme di crowdfunding specializzate in equity ed in social lending. Il rischio d'impresa viene suddiviso fra tutti i creditori e le società che vi fanno ricorso godono di maggior respiro nella restituzione dei debiti.

Innovativo è l'***invoice trading***, un'alternativa molto curiosa di supportare un'impresa. ***Invoice*** in inglese significa fattura, per cui il finanziamento deriverebbe dall'acquisto di una fattura emessa dall'impresa nei confronti di un'azienda. Il discorso è un po' contorto, ma facciamo un esempio. Una ditta acquista da un'impresa la materia prima necessaria per la produzione di un bene. Non paga immediatamente quanto ha comprato, ma si fa rilasciare un'apposita fattura che attesta l'importo a debito da versare entro una certa data. Per l'impresa che ha venduto la materia prima quella fattura rappresenta un elemento attivo del capitale (diciamo un guadagno) solo che, in un dato momento, il tutto risulta solo sulla carta scritta. L'impresa in questione potrebbe aver bisogno di liquidità e non potendo pretenderla dal suo debitore entro una certa data (l'azienda che ha acquistato le materie prime), cede la fattura al miglior offerente che acquisterà il diritto di pretendere i soldi dal debitore. Nel gergo civilistico la figura in esame assume un nome specifico: **cessione del credito**, ragion per cui il nuovo creditore (l'acquirente della fattura) vanterà gli stessi diritti dell'impresa che ha venduto le materie prime. Il vantaggio per gli investitori consiste nel prezzo di acquisto della fattura, il cui ammontare è al netto della remunerazione prevista per la piattaforma accreditata e inferiore al vero valore della fattura. I venditori perdono sì una parte del guadagno, ma ottengono liquidità immediata da reinvestire nella propria attività commerciale.

Infine il ***crowdfunding ricorrente*** è un modello di finanziamento collettivo del tutto nuovo, perché non si esaurisce una tantum (una volta per tutte), ma prevede erogazioni continuate nel tempo a fronte di progetti che si protraggono nel futuro. Fino ad ora abbiamo parlato di progetti ed iniziative contemplate in una sorta di business planning all'interno del quale viene indicato il tipo di iniziativa, il suo costo, le strategie e le tempistiche per renderla attuale. Esistono però progetti che non si riducono ad un solo evento o alla realizzazione di un unico prodotto. Pensiamo alla promozione di un sito internet che richiede finanziamenti continui per andare avanti perché lo richiede lo stesso progetto la cui esistenza prosegue nel corso del tempo. Il ***crowdfunding ricorrente*** viene finanziato di solito attraverso la sottoscrizione di abbonamenti, proprio come avviene su alcuni blog a carattere tecnico, scientifico o giuridico. Pagando una piccola somma di denaro (una volta al mese o all'anno) si riceve come reward l'accesso ai contenuti ed agli articoli più importanti, oppure l'opportunità di scaricare gratuitamente riviste, e-book, slide, testi.

I modelli ibridi

Nell'elencazione di tutte le tipologie di crowdfunding esistenti oggi nel mondo sembrava assurdo sorvolare sui modelli ibridi che attualmente uniscono le potenzialità del reward crowdfunding e dell'equity crowdfunding.

Il nome tecnico è **pre-purchase crowdfunding** perché il vantaggio riconosciuto al soggetto investitore risiede nel diritto di opzione all'eventuale acquisto delle quote della società. Nessun rimborso del capitale, né tanto meno l'omaggio di un prodotto, ma qualcosa di intangibile che potrebbe essere l'utilizzo dei servizi dell'azienda a prezzi competitivi e la possibilità di diventare soci qualora l'impresa decidesse di ampliare la compagine sociale.

Giuseppe Spampinato

QUALE NORMATIVA REGOLA IL CROWDFUNDING IN ITALIA?

La versatilità del finanziamento collettivo e la possibilità di scegliere quello più consono alle proprie esigenze fa sì che di crowdfunding ce ne siano diverse tipologie, non tutte assoggettabili ad un'unica disciplina giuridica. Se i nomi in inglese possono trarre in inganno, la normativa applicabile è quella italiana, talvolta riferita al prestito, talaltra alle partecipazioni societarie. Volendo fare un'anticipazione è necessario dire che per ogni modello di finanziamento collettivo si applicano norme che coinvolgono sia chi investe, sia chi riceve il denaro, oltre all'applicazione della normativa tributaria per la dichiarazione reddituale di quanto si è ricevuto o di quanto è stato donato. Proviamo ad analizzare nel dettaglio la normativa che disciplina singolarmente i diversi modelli di crowdfunding.

Il reward-based crowdfunding

Il finanziamento collettivo nel reward-based crowdfunding prevede l'attribuzione di un riconoscimento a favore di chi dona una somma di denaro. Il riconoscimento ha un valore proporzionale rispetto alla donazione ricevuta, ragion per cui la normativa da applicare è quella della donazione modale, ex art. 793 del codice civile. Il reward-based crowdfunding è a tutti gli effetti una **donatio cum onere**, cioè un'elargizione che per quanto sembri liberale prevede un tornaconto a carico del donatario. L'essenza della donazione modale sta nella gratuità del gesto e nel benefit di valore uguale alla donazione ricevuta, che sia esso il prodotto finito, il biglietto gratuito per un evento o l'e-book gratis.

Volendo operare una forzatura, il reward-based crowdfunding potrebbe configurare in alcuni casi un contratto a prestazioni corrispettive, a maggior ragione se l'elargizione viene erogata a fronte dell'acquisto del prodotto commercializzato. In questo caso siamo nell'ambito dei contratti **sinallagmatici** e, nello specifico dei contratti di compravendita disciplinati dagli artt. 1470 e seguenti del codice civile. Ma trattandosi il più delle volte di un prodotto non ancora commercializzato, la normativa più consona sarebbe quella della vendita di cosa futura, ex art. 1472 cod. civ., la cui proprietà del bene si acquisisce nel momento in cui esso viene ad esistenza.

Le tutele a favore dell'investitore sono quelle previste dal Codice del Consumo, all'art. 129 che stabilisce il dovere del venditore di consegnare i beni acquistati conformi rispetto al contratto pattuito.

L'applicazione della disciplina della donazione modale al posto del contratto di vendita di beni futuri dipende dalle condizioni previste per il progetto promosso: se il reward è un semplice riconoscimento a fronte di un'elargizione, la normativa è quella della donazione. Al contrario qualora il reward sia strettamente connesso all'iniziativa finanziata potrebbe sembrare più giusto applicare la disciplina dei contratti di vendita di beni futuri.

Il donation-based crowdfunding

La libertà di scegliere quando e quanto donare fa del donation-based crowdfunding un finanziamento collettivo che segue le regole della donazione. Il codice civile disciplina la donazione all'art. 769 e la inquadra come una forma contrattuale basata su spirito di liberalità. Nel contratto di donazione esistono due figure, il donante e il donatario, ma mentre quest'ultimo si arricchisce grazie alle elargizioni del primo, il donante può remunerare il donatario per la riconoscenza o la considerazione che nutre nei confronti di quest'ultimo (donazione rimuneratoria). Al donation-based crowdfunding si applicano perciò le norme che riguardano la capacità di donare (quindi di utilizzare le piattaforme accreditate e di disporre liberamente di una somma di denaro) mentre sembra essere escluso l'obbligo di utilizzare l'atto pubblico per rendere valida la donazione. A questo proposito si potrebbe applicare l'art. 783 cod. civ. che stabilisce la validità delle donazioni di modico valore prendendo come parametro di riferimento le condizioni economiche del donante, il fatto che il denaro è da considerarsi alla stregua di una cosa mobile ed all'effettivo passaggio dei soldi dal donante al donatario.

L'equity-based crowdfunding

La disciplina giuridica da applicare all'equity-based crowdfunding non è quella civilistica, perché in Italia esiste una normativa specifica che regola la raccolta di capitali di rischio dalle piattaforme online. Inizialmente tale opportunità era riservata esclusivamente alle start up innovative, quelle disciplinate dagli artt. 25 e seguenti del Decreto crescita 2.0, e un intero articolo, il numero 30, definiva (e definisce tutt'ora) le modalità di reperimento di capitali con modalità telematica. Dal 2015 l'equity-based crowdfunding è ammesso anche per le piccole e medie imprese innovative, a patto però che si costituiscano sotto forma di società di capitali (anche a responsabilità limitata semplificata, quella che - per intenderci - può essere aperta investendo un solo euro).

Il lending-based crowdfunding

A livello civilistico il lending-based crowdfunding configura un vero e proprio contratto di mutuo poiché viene consegnata una somma di denaro al patto di essere restituita entro un certo termine. La somma concessa in prestito genera frutti civili, chiamati nel gergo legislativo interessi. Ma poiché le piattaforme di social lending fanno ricorso al risparmio pubblico, una direttiva della Banca d'Italia entrata in vigore nel 2017 dedica un'intera sezione al social lending, diventando una deroga alla materia civilistica. La sezione IX della delibera definisce il social lending come lo strumento attraverso cui una pluralità di persone possono chiedere in prestito soldi rivolgendosi ad un certo numero di finanziatori ed avvalendosi di piattaforme telematiche deputate alla raccolta ed alla gestione del risparmio.

Il royalty crowdfunding

Lo abbiamo detto prima: il royalty crowdfunding è quello che in Italia viene chiamato contratto di associazione in partecipazione. Fonti legislative sono gli artt. 2549 e ss del cod. civ., che definiscono la nozione e i diritti dell'associante e dell'associato. Tecnicamente il contratto di associazione in partecipazione è un patto in cui l'associante attribuisce all'associato la partecipazione agli utili dell'impresa o di uno o più affari verso il corrispettivo di un apporto che, nel royalty crowdfunding, è di denaro. É necessario sottolineare l'apporto in denaro perché il contratto di associazione in partecipazione può avvenire (fuori dai casi di crowdfunding) anche con prestazioni di lavoro che consentono la partecipazione al profitto derivante dall'attività dell'azienda.

I diritti dell'associante sono la gestione dell'impresa o del singolo affare, mentre l'investitore ha diritto al rendiconto dell'affare compiuto o della gestione dell'impresa, facendo salva l'opportunità dell'associato di poter esercitare attività di controllo sull'impresa o sullo svolgimento dell'affare (art. 2552 cod. civ.).

L'associato partecipa agli utili ed alle perdite, ma le perdite a lui attribuite non possono superare di valore quanto egli ha apportato sotto forma di denaro (art. 2553 cod. civ.).

Il do-it-yourself crowdfunding

Non è altro che una modalità di autofinanziamento promossa sui social, sui siti internet e sui blog. Da un lato c'è una donazione gratuita da parte di un certo numero di soggetti e dall'altro non sempre il beneficiario delle donazioni predispone un riconoscimento. Girando su internet non si trova una normativa specifica che disciplini il do-it-yourself crowdfunding, ragion per cui si dovrebbe procedere con delle forzature applicando la disciplina della donazione di modico valore. L'atto pubblico non è obbligatorio e l'opportunità di accedere ai contenuti di un blog sembra riferirsi alla donazione modale, mentre se lo scopo è quello di autofinanziare un'iniziativa, la legislazione di riferimento potrebbe cambiare. In questo caso si dovrebbe applicare quanto viene sancito dalla Circolare Ministeriale n. 124/E/1998 in merito alla raccolta fondi in concomitanza di particolari eventi: la medesima disciplina esonera il contribuente dall'applicazione dell'IVA e di altri tributi solo se sono rispettati specifici requisiti.

Il civic crowdfunding

Anche il civic crowdfunding rappresenta una donazione, quindi un'erogazione liberale che parte dal popolo e va a beneficio di un ente pubblico. In effetti con il civic crowdfunding non sono previsti riconoscimenti, benefici patrimoniali, restituzione del capitale o partecipazioni societarie. Chi dona lo fa per sentimento di appartenenza e per una questione di affezione verso i luoghi in cui risiede. Per tale ragione pare che anche nel civic crowdfunding debba essere applicata la disciplina delle donazioni così come prevista per il do-it-yourself ed il donation crowdfunding. Avendo come tornaconto un interesse collettivo (un servizio a beneficio di un'intera comunità) non dovrebbe impiegarsi la disciplina del contratto a prestazioni corrispettive, quindi neanche la vendita di un bene futuro.

Il corporate crowdfunding

Disciplina ad hoc (molto controversa, a dire la verità) è quella che circonda il corporate crowdfunding che, trova come corrispettivo il contratto di sponsorizzazione. Il codice civile non contempla il contratto di sponsorizzazione ma racchiude una serie di norme atte a tutelare l'interesse delle controparti. Il contratto di sponsorizzazione è un contratto atipico le cui fonti sono tutt'ora controverse perché qualcuno lo inquadra come contratto d'appalto, qualcun altro come contratto a prestazioni corrispettive. Chi critica la tesi dell'appalto si basa sul principio secondo cui l'impresa sponsorizzante non punta sulla riuscita dell'evento come elemento esclusivo del contratto. Chi sponsorizza un evento ha come obiettivo quello di promuovere l'immagine dell'azienda che viene associata ad un tipo di progetto che non ha nulla a che vedere con i beni ed i servizi prodotti dall'azienda. Il beneficio che l'impresa trae dal crowdfunding è l'opportunità di puntare sull'immagine del brand che viene riconosciuto dalla collettività come un marchio sinonimo di solidarietà e di filosofia sociale. La correlazione esistente fra marchio ed iniziativa fa sì che l'effetto di ritorno sia quello di fidelizzare potenziali clienti senza necessariamente promuovere un prodotto o un servizio (per quello ci sono gli spot pubblicitari).

Eppure dubbi permangono in merito alla disciplina delle donazioni: in fondo si tratta sempre di un'erogazione liberale che non prevede l'obbligo di un benefit per le aziende che vi partecipano.

Il real estate crowdfunding

Pur essendo una forma alternativa di prestito immobiliare, il real estate crowdfunding si realizza attraverso forme di equity crowdfunding o di social lending. La disciplina legislativa da applicare sarà quindi quella del **Decreto Crescita 2.0** esteso anche alle PMI (se si opta per il finanziamento collettivo equity) o della direttiva della Banca di Italia (qualora la piattaforma sia votata al social lending).

L'invoice trading

L'invoice trading non è altro che una cessione del credito che avviene fra due soggetti, nello specifico fra l'impresa che emette la fattura non ancora riscossa e il soggetto che acquista la medesima. La disciplina giuridica è quella degli artt. 1260 e ss del cod. civ. secondo cui il creditore può cedere previo corrispettivo e senza il consenso del debitore (l'azienda che deve pagare la fattura) i suoi crediti ad un terzo soggetto. L'effetto della cessione (art. 1263 cod. civ.) è quello di cedere i privilegi, le garanzie reali e personali annesse al credito per cui il cessionario ha diritto di rivalersi sul ceduto nei modi stabiliti dalla legge.

Il crowdfunding ricorrente

Se il crowdfunding ricorrente avviene mediante abbonamento e previo riconoscimento di un beneficio quale potrebbe essere l'ascolto di musica, la lettura di una rivista o l'accesso ai contenuti di un blog, la normativa italiana sarà quella dei contratti di somministrazione, disciplinati dagli artt. 1559 e ss del cod. civ.. Nello specifico la somministrazione è il contratto con cui una parte si obbliga, verso corrispettivo di un prezzo, all'esecuzione di prestazioni periodiche o continuative a favore del donante. Anche in questo caso, però, esistono forti dubbi in merito all'applicazione della disciplina della donazione, a maggior ragione se il beneficiario non prevede alcun tornaconto a favore del donatario. In questo caso sembra più idoneo rivolgere l'attenzione all'art. 772 del cod. civ. che contempla la donazione di prestazioni periodiche.

Il pre-purchase crowdfunding

Infine rimane da analizzare l'aspetto legislativo del pre-purchase crowdfunding, una forma di finanziamento collettivo ibrido difficile da inquadrare nell'ambito normativo. Avendo come aspetto peculiare quello di riconoscere il diritto di opzione in riferimento ad eventuali azioni o di quote patrimoniali emesse dall'azienda, il pre-purchase crowdfunding rientra nella disciplina generale dei contratti sancita dal Libro IV, Titolo II, Capo II, sez. I del codice civile. Il diritto di opzione è individuato dall'art. 1331 del cod. civ. che lo definisce come l'opportunità di scelta a favore di una parte nell'accettare o meno la proposta della controparte. La controparte (l'azienda che vende i titoli e si affida al crowdfunding), una volta avanzata l'ipotesi di vendita delle azioni rimane vincolata alla sua dichiarazione per il tempo previsto dal patto stipulato con l'investitore.

QUALI NORME TRIBUTARIE SI APPLICANO AL CROWDFUNDING?

Se per il crowdfunding non esiste una disciplina univoca, bensì una serie di norme che variano a seconda del modello prescelto, anche la legislazione tributaria varia in base al tipo di finanziamento collettivo. E a seconda se si è fundiers, backers o foundiers, le regole adoperate cambieranno, come cambierà allo stesso modo il regime fiscale da applicare.

Innanzitutto le norme tributarie variano per le persone fisiche e per le persone giuridiche, per le start up, le imprese, gli enti territoriali e le associazioni. Qualora i promotori fossero soggetti esenti da IVA ed altre imposte (come accade per le associazioni e i comitati che fanno ricorso al *do-it-yourself*) eventuali esenzioni sono riconosciute solo se si dimostra di possedere specifici requisiti.

Le donazioni non sono soggette ad IRPEF ma su di loro grava l'imposta di registro. La disciplina delle imposte sulle donazioni varia a seconda del soggetto beneficiario e all'ammontare di quanto ricevuto, mentre il donante può ottenere sgravi fiscali se l'elargizione viene erogata a favore di ONLUS ed associazioni no profit.

Per quanto riguarda il **social lending**, il regime tributario da seguire è quello dei redditi da capitale, così come previsto dall'art. 44 co. 1 lett. d-bis del Testo Unico delle Imposte sui Redditi (TUIR). L'aliquota applicata è pari al 26% ed essa graverà sugli interessi percepiti dai funders, cioè su chi trae profitto dalla cessione del denaro. Le piattaforme di *peer-to-peer* sono equiparate dalla legge alla stregua dei sostituti d'imposta, ragion per cui il guadano del funder sarà corrisposto al netto delle trattenute fiscali.

Regime simile è previsto per il **royalty crowdfunding** e la partecipazione agli utili dell'impresa. Le aliquote variano sul valore del capitale investito, mentre il loro ammontare cambia se la società è quotata o meno sul mercato.

Agevolazioni sono invece previste per chi investe in start up innovative e imprese in forma di S.R.L. che stanziano una campagna di crowdfunding su di una piattaforma. I fundiers possono detrarre il 30% degli importi versati a titolo di investimento qualora siano persone fisiche (la detrazione avviene in sede IRPEF), mentre per le persone giuridiche (società che investono in altre società) è possibile optare per una deduzione fiscale sull'IRES di un ammontare pari al 30% del capitale investito.

Una disciplina arzigogolata è quella dell'**invoice trading**, ossia della cessione del credito mediante acquisto di una fattura. Le numerose difficoltà di interpretazione risiedono nel:

- stabilire se applicare o meno l'IVA sulla fattura ceduta, a carico del creditore cedente;
- applicare le tasse su chi percepisce il reddito pagato;
- definire a livello fiscale i relativi redditi percepiti (per il cedente che vende e per il cessionario che acquista e riscuote il credito);

- tipo di principio da adottare (se contabile o di cassa) per definire l'esigibilità dell'imposta.

Per queste motivazioni è buona norma rivolgersi ad un commercialista per ottenere informazioni utili a riguardo. In fondo il finanziamento mediante invoice trading avviene con trasferimenti elettronici e bonifici, due strumenti facilmente soggetti a controllo fiscale.

Altro dilemma riguarda l'IVA che dovrebbe essere prevista per gran parte delle tipologie di crowdfunding. Anche in questo caso la normativa è complessa, perché bisogna capire chi è soggetto ad IVA, quando va versata l'IVA e quali sono le operazioni esenti da IVA. A grandi linee è possibile affermare che:

- l'IVA non è dovuta per il donation crowdfunding;
- nel reward-based crowdfunding l'IVA si applica a seconda del vantaggio riconosciuto, per cui in caso di vendita di bene futuro essa graverà sull'acquisto del bene;
- nei riconoscimenti di modico valore non sempre l'IVA è obbligatoria;
- per quanto riguarda il real estate crowdfunding, l'IVA non è dovuta dall'offerente che applica l'equity crowdfunding, né tantomeno dall'investitore;
- le operazioni di social lending dovrebbero essere escluse da IVA.

QUALI SONO LE PRINCIPALI PIATTAFORME DI CROWDFUNDING?

Le piattaforme di crowdfunding sono numerose e sono attive sia in Italia che nel resto del mondo, ma la loro particolarità sta nel fatto che ciascun portale è specializzato in uno specifico modello di raccolta fondi collettivo. Ciò significa che se si desidera promuovere una campagna di crowdfunding bisognerebbe avere ben chiara l'idea del tipo di investimento a cui si intende accedere: se voglio fare impresa potrei rivolgermi al social lending, al reward crowdfunding o, se voglio brevettare un'idea, al royalty crowdfunding. Qualora io sia un'impresa che vuole promuovere l'immagine del mio brand opterei per il corporate crowdfunding. Se sono una scuola e desidero creare un laboratorio multimediale ma mancano i soldi stanziati dal MIUR, potrei pensare di raccogliere soldi con il donation crowdfunding. Nel caso in cui fossi un blogger e volessi fare della scrittura la mia professione, la soluzione migliore sarebbe quella del do-it-yourself.

Fatta questa premessa partiamo con l'elencare le migliori piattaforme internazionali di crowdfunding.

La più quotata è sicuramente **Kickstarter**, la piattaforma per eccellenza di **reward crowdfunding**. La rinomanza di Kickstarter sta nell'essere un trampolino di lancio per artisti di ogni genere, siano essi musicisti, pittori, designer o cover band. Nata nel 2009, fino ad oggi ha finanziato più di 155 mila progetti raccogliendo oltre 4 miliardi di dollari e facendo incontrare più di 16 milioni di investitori.

A contendersi la scena sul reward crowdfunding internazionale è anche **Indiegogo**, una piattaforma simile alla precedente ma votata soprattutto alla tecnologia. I progetti finanziati dal 2008 sono stati ben 800 mila, mentre oltre 9 milioni di persone da tutto il mondo sostengono idee innovative e rivoluzionarie.

Anche **Paypal**, società per eccellenza specializzata in servizi di pagamento digitale internazionale, promuove iniziative di crowdfunding nella modalità del donation-based e del reward-base. Paypal si rivolge ai privati, alle associazioni no profit, agli enti che operano a scopo benefico e promuove esclusivamente progetti a sostegno di donazioni da destinare alle organizzazioni ONLUS, lo sviluppo di nuovi prodotti e le cause personali come le donazioni di modico valore per cure e visite specialistiche o la promozione di un blog.

In Italia le piattaforme di crowdfunding sono tantissime ma è necessario fare un piccolo appunto. I portali che si occupano della gestione del capitale di rischio, ossia quelli di social lending e di equity crowdfunding, devono attenersi a regole specifiche per la loro costituzione, pena l'abuso nell'esercizio di una professione oggi regolamentata da leggi ad hoc. Per l'equity crowdfunding i riferimenti normativi sono dettati dalla Consob, mentre per il social lending è necessaria l'iscrizione ad apposito albo nonché l'autorizzazione ad operare nel mondo dell'intermediazione finanziaria. In questo caso la normativa da seguire sarà quella bancaria.

Detto ciò, le principali piattaforme italiane di crowdfunding sono:

- **Eppela**, specializzata in reward crowdfunding che accoglie idee innovative ma anche progetti a sfondo sociale;
- **Planbee**, una delle poche piattaforme specializzate in civic crowdfunder che si pone l'obiettivo di migliorare quartieri e aree di tutta Italia;
- **Produzioni dal Basso** è, secondo il Sole24Ore, la piattaforma di reward crowdfunding che nel solo 2017 ha raccolto qualcosa come poco meno di 2 milioni di euro piazzandosi al primo posto fra le piattaforme italiane di successo;
- **Rete del Dono**, promuove il Digital Fundraising Award, un premio rivolto a tutti i promotori che, utilizzando la piattaforma di donation crowdfunding, sono riusciti a realizzare nel 2018 il proprio progetto;
- **Prestiamoci**, è la piattaforma di social lending italiana che ha erogato fino ad ora 1796 prestiti grazie a 986 prestatori attivi che hanno investito poco più di 15 milioni di euro;
- **Borsa del Credito** è specializzata in social lending, ma la sua peculiarità consiste nel fare credito alle aziende;
- **We Are Starting**, nell'ambito dell'equity crowdfunding, dedicata a chi desidera investire nelle nuove aziende diventando contemporaneamente socio delle migliori start up;
- **Fundera**, devota al settore della green economy e dell'ecosostenibilità, che sostiene la start up

MyCreditService, un'azienda italiana che sviluppa piattaforme di invoice management e tecnofinanza.

La molteplicità di piattaforme specializzate al reward ed al donation crowdfunding non ha disincentivato la nascita di portali specializzati, ad esempio, nel real estate. In Italia sono ancora poche le piattaforme, ma quelle attive si sono distinte per eccellenza, trasparenza e qualità nei servizi. Partiamo da **Housers**, il crowdfunding immobiliare che accoglie progetti non soltanto italiani ma anche spagnoli e portoghesi. Attenendosi alla disciplina di settore Housers opera in piena trasparenza evidenziando i tassi di rendimento fisso annuale e totale. Con Housers è possibile investire somme minime pari a 50 euro, e sulle pagine del sito sono presenti continui aggiornamenti in merito alla restituzione del capitale ed alle percentuali di interessi riconosciuti ai fundiers. Anche **Concrete** è una piattaforma di real estate crowdfunding, che finanzia progetti fino a 5 milioni di euro (limite massimo ammesso dalla legge) e le cui commissioni variano dal 2% al 4% del capitale investito. Ai portali Concrete e Housers fanno concorrenza **Trusters**, **House4Crowd** e **Italy Crowd**, ma al momento della redazione della guida le piattaforme menzionate non hanno in attivo progetti immobiliari.

Per quanto riguarda il do-it-yourself crowdfundig possiamo prendere come esempi diverse iniziative di raccolta fondi, come quella di **Rinascita Castelluccio, Io Sto Con Paolo** e **Un Passo per San Luca**. Castelluccio e San Luca (il portico per eccellenza della città di Bologna) sono due progetti chiusi di civic crowdfunding, rispettivamente finalizzati l'uno alla ricostruzione di un comune fortemente colpito dal terremoto del centro Italia del 2016, l'altro per il restauro di un portico storico di elevata importanza storico e culturale. Io Sto Con Paolo è invece un progetto di raccolta fondi per la ricerca sulla SLA in cui è possibile donare un importo minimo di 10 euro o, in alternativa, acquistare il libro *Sapori a Colori*.

Nel campo del royalty crowdfunding in Italia abbiamo **BandBackers**, la piattaforma che offre una vetrina ai musicisti di ogni genere. I nuovi talenti potranno ricorrere a BandBackers per promuovere un disco o un tour mentre i backers verranno ricompensati con le royalty provenienti dalla vendita dei CD e dai cachet ottenuti con i live.

BeArt è invece una piattaforma dedita alle iniziative culturali ed artistiche contemporanee che nel febbraio 2018 ha lanciato la sfida al corporate crowdfunding, e lo ha fatto con la mostra di *Guido van der Werve*, un filmmaker olandese che è riuscito a realizzare il progetto *Auto Sacramental* proprio grazie al mecenatismo.

QUALI SONO I PRO ED I CONTRO DEL CROWDFUNDING?

Come ogni tipo di iniziativa a sfondo finanziario, anche il crowdfunding ha i suoi vantaggi e i suoi svantaggi che colpiscono non solo chi sostiene un progetto, ma anche chi promuove una campagna di raccolta fondi. Analizziamo quindi gli aspetti più importanti del crowdfunding.

Vantaggi per i foundiers

Abbiamo detto all'inizio della guida che il crowdfuding si pone come alternativa alle tradizionali forme di accesso al credito, scelta da coloro i quali non possono o non vogliono ricorrere ad un istituto bancario. Il crowdfunding è contemporaneamente flessibile e versatile, dove per flessibilità si intende la facilità e la celerità con cui è possibile ottenere fondi per la propria campagna promozionale. A differenza di un prestito personale, il fondo collettivo prevede sì l'ausilio di un intermediario (ossia di una piattaforma), ma le pratiche burocratiche sono notevolmente ridotte, a maggior ragione nel caso del donation e del reward crowdfunding. Discorso diverso è per il social lending che obbliga il crowdfunder ad un'analisi del merito creditizio del potenziale debitore: costui potrebbe anche ottenere il credito, a patto però che paghi interessi un po' più alti rispetto a chi risulta pulito. Con l'equity crowdfunding la compagine sociale si amplia grazie alla possibilità di acquistare titoli azionari che consentono la partecipazione dei nuovi soci. Il tornaconto positivo sta proprio nella possibilità di ammortizzare i rischi di impresa anche a costo di dividere il profitto fra tante persone.

Grazie all'uso dei social, dei portali e dell'intero mondo web, i foundiers ottengono un tornaconto soprattutto in termini di immagine e di brand identity, a maggior ragione se essi sono una start up o costituiscono un'impresa innovativa. Con la fidelizzazione dei potenziali clienti l'impresa entrerebbe nel mercato con maggiore facilità ed avrebbe modo di gareggiare con i suoi competitor capendo fin da subito cosa vuol dire fare concorrenza.

Vantaggi per fundiers e backers

Che siano semplicemente sostenitori o veri imprenditori, chi dona soldi incarna quel modello sociale di persona votata verso il prossimo e contribuisce alla share economy, ovverosia all'economia della condivisione. Mettendo da parte tutti i benefici emozionali del donation crowdfunding e del reward crowdfunding, con le altre tipologie di investimento è possibile far fruttare i propri risparmi aderendo contemporaneamente ad una buona causa. Con l'equity crowdfunding è possibile inoltre compartecipare ad una società avendo modo di capire come funziona il meccanismo di un'attività commerciale che si appresta a concorrere sul mercato. Con il royalty ed il reward crowdfunding i vantaggi non sono solo economici, ma anche intangibili: il know-how che se ne ricava ha un valore maggiore valutabile in termini di tecnologia, cultura, storia ed arte. Idem per i sostenitori di una campagna civica che permette di riqualificare il proprio territorio. Chi investe nel social lending i propri risparmi guadagnerebbe molto più di quanto avverrebbe se la stessa cifra fosse depositata in un conto o in un libretto. Certo, si tratta sempre di una forma di investimento rischioso (nessuno assicura la solvibilità assoluta del debitore), ma il rischio viene ripartito fra tanti finanziatori mentre gran parte delle piattaforme sono dotate di un fondo a tutela dei risparmiatori.

Gli svantaggi per i foundiers

Il primo ostacolo che un foundiers potrebbe incontrare consiste nel mancato raggiungimento dei propri obiettivi, cioè nell'incapacità di trovare sostenitori ed investitori per la propria campagna. Se la piattaforma segue lo schema dell'*all-or-notingh*, una volta scaduti i termini per la raccolta fondi il progetto non viene più finanziato e il budget raccolto sarà restituito ai legittimi proprietari. Stesso discorso vale per le piattaforme che seguono lo schema del *keep-it-all* dove non è detto che si riesca a recuperare la cifra sperata.

Il secondo ostacolo potrebbe riguardare la normativa tributaria applicata in Italia, spesse volte contorta per chi desidera fare carriera. Fra esenzioni IVA, redditi IRPEF, IRES e capitali, un foundiers sarebbe scoraggiato fin dall'inizio nell'intraprendere una campagna di crowdfunding. Qualora ci si avvalesse di una piattaforma di social lending il rischio che si corre sarebbe quello di ritrovarsi con un prestito il cui costo è molto elevato rispetto a quelli previsti da un istituto bancario. Il dover restituire i soldi a tanti finanziatori quanti siano coloro che contribuiscono all'erogazione del prestito significa dover garantire loro un guadagno dalla concessione della somma.

Il terzo ostacolo è rappresentato dal popolo del web e dalla fiducia che gli utenti nutrono verso le forme di finanziamento online. Molte persone non sono ben disposte a contribuire per il finanziamento di un progetto, vuoi per questioni di sicurezza, vuoi perché tanti pensano di trovarsi di fronte all'ennesima truffa. Certo, le piattaforme di crowdfunding garantiscono un certo livello di sicurezza per i progetti presentati (i crowdfunders selezionano personalmente le campagne fattibili), ma l'ostilità è dura a morire, soprattutto in Italia. Inoltre un utente potrebbe investire 100 euro ma anche 5 euro. Cosa ci si potrebbe fare con pochi euro nel portafoglio?

Quarto ostacolo è dato dalla scarsa tutela dei diritti di copyright su internet, nonostante le numerose norme a carattere nazionale ed internazionale tutt'ora esistenti. Promuovere un'idea spesso significa essere ancora in fase di progettazione perché mancano i soldi, ad esempio, per brevettare e depositare il prototipo. Se poi aggiriamo l'ostacolo e ci soffermiamo sulle campagne culturali e artistiche, qui il discorso si fa ancora più delicato, visto che basta poco per rubare un'idea appropriandosene in maniera illegittima.

Svantaggi per i fundiers

Anche gli investitori non sono immuni da situazioni negative, quali potrebbero essere quelle di avere scarse informazioni in merito ai rispettivi foundiers. Per quanto una piattaforma cerchi di essere trasparente ed obiettiva, la garanzia di solvibilità delle start up non è mai al 100%.

Particolare attenzione merita l'equity crowdfundiers che offre l'opportunità di diventare soci dell'azienda: il socio che apporta capitale non ha soltanto diritto agli utili, ma assume il rischio dell'esercizio commerciale per cui potrebbe perdere il capitale investito senza poter far nulla per ottenerlo indietro. Ad avvalorare la tesi è la disciplina ad hoc prevista proprio per l'equity crowdfundiers che cristallizza questa figura giuridica in una normativa a sé stante rispetto alla disciplina generale delle società di capitali.

Infine la tassazione colpisce chi guadagna da un investimento, non chi beneficia dello stesso che, essendo soggetto al pagamento delle rate, ha il diritto di detrarre gli interessi negativi. Ad esempio con il social lending il profitto ottenuto con il prestito del capitale (calcolato sulla base degli interessi attivi percepiti) è soggetto ad un'aliquota del 26% (più di un quarto di quanto si è guadagnato) trattenuta dalla stessa piattaforma in qualità di sostituto d'imposta.

COME FARE CROWDFUNDING? CONSIGLI UTILI

Si può fare crowdfunding in diversi modi e ciascuna tipologia di finanziamento collettivo è destinata a soddisfare specifiche esigenze. Che tu sia un professionista, un imprenditore, un musicista, un regista, un blogger, un fotografo o altro, quello che importa è:

1. **saper centrare l'obiettivo;**
2. **saper sfruttare il web;**
3. **saper promuovere la propria campagna utilizzando gli strumenti a disposizione.**

Partiamo dal progetto. Questo deve essere allettante, deve interessare i tuoi sostenitori e deve essere possibilmente completo in ogni dettaglio. Accertati quindi di individuare fin da subito l'iniziativa che vorresti fosse finanziata e fissa un budget che sia leggermente al di sopra di quanto necessario. In questo modo non rischierai di rimanere senza fondi qualora scegliessi una piattaforma keep-it-all, e se il crowdfundier segue lo schema dell'all-or-nothing, cerca di fare bene i calcoli.

Il progetto è strutturato in diverse parti fra cui una parte introduttiva, una esplicativa e una conclusiva. Nella parte introduttiva mostrerai il tuo progetto a grandi linee chiarendo fin da subito perché stai cercando dei soldi. Mettiamo caso che desideri brevettare un prodotto ma nessuno ti promuove: all'inizio del tuo planning indicherai proprio ciò, ossia che intendi produrre un bene utile alla vita di tutti i giorni.

La parte centrale è dedicata alla definizione del come intendi realizzare la tua idea mostrando il modo in cui utilizzerai i soldi dei tuoi sostenitori. Indicherai quindi eventuali benefici a loro riservati ed elencherai eventuali costi che giustificano la cifra da te richiesta. Nel caso del prodotto da brevettare potresti inserire il costo del deposito del progetto, il prezzo delle materie prime e quant'altro.

La parte conclusiva del progetto riguarderà gli obiettivi che vorresti raggiungere, quindi i risultati che ti aspetti dalla realizzazione della tua idea. Un nuovo prodotto high-tech sul mercato potrebbe aiutare le persone in alcune incombenze quotidiane, rendendo loro la vita più semplice ed efficace.

Sfrutta quindi il web non solo optando per la piattaforma che più si conforma alle tue necessità, ma promuoviti attraverso i social, il blog e il tuo sito internet. Diffondi l'iniziativa di crowdfunding che hai intrapreso e fai leva sullo *sharing*, ossia sulla condivisione tramite web del tuo progetto. Più utenti ti leggono (o ti conoscono), più sarà elevata la possibilità di ottenere fondi ma non limitarti alla sola Italia. Estendi il tuo progetto anche all'estero.

Se sei una PMI o una start up affianca all'iniziativa un buon commercialista che sappia consigliarti in materia fiscale per la scelta del crowdfunding. In questo modo potresti conoscere le agevolazioni che ti spettano in qualità di impresa innovativa e la disciplina tributaria da seguire in tema di IVA ed IRES.

Ove tu fossi un'associazione no profit, una scuola, una ONLUS, rivolgiti alle piattaforme specializzate esclusivamente in donation crowdfunding e promuovi il tuo progetto avvalendoti dell'aiuto dei crowdfunder. Puoi optare in alternativa per il *do-it-yourself*, ma in questo caso devi avvalerti dell'aiuto di una piattaforma di pagamenti online che ti consentirà di raccogliere le donazioni dei vari utenti. Anche in questo caso dovrai promuoverti e il tuo obiettivo sarà quello di impegnarti nel web per trasmettere la tua iniziativa a più utenti possibili.

Il crowdfunding non è fatto solo di progetti ed iniziative, campagne ed imprese, ma anche di investitori e di sostenitori pronti a dare una mano per promuovere una buona causa. Per cui è possibile fare crowdfunding anche se si è piccoli risparmiatori o si desidera sostenere un progetto solidale. É possibile fare crowdfunding in due modi:

1. **iscrivendosi o accedendo alle relative piattaforme;**
2. **donando liberamente attraverso i plugin disponibili sui blog e sui social.**

Nel primo caso sosterrai un progetto per il tramite di un intermediario il quale tratterrà una percentuale di quanto avrai versato a titolo di commissione. Nel secondo caso la donazione sarà libera da commissioni, in quanto le relative tasse saranno a carico del donatario.

Le elargizioni potranno avvenire in diverso modo, ad esempio mediante bonifico bancario, carta di credito o moneta telematica. In tutti e tre i casi presta bene attenzione ai circuiti utilizzati e scegli sempre siti affidabili che non rubino dati sensibili. Se sei incerto in merito alla credibilità di un founder spesso i feedback di altri utenti potrebbero tornare utili, grazie al fatto che moltissime persone sono dedite a condividere le proprie esperienze negative sui social.

A prescindere dal progetto che vuoi sostenere è bene sapere che per ogni iniziativa è tuo diritto essere informato circa le modalità di finanziamento e gli eventuali riconoscimenti a te attribuiti. Nell'ambito degli investimenti in equity crowdfunding ed in social lending, il tuo diritto sarà quello di percepire i frutti di quanto avrai prestato e di acquisire i diritti patrimoniali ed amministrativi dell'azienda di cui sei socio. Leggi quindi l'informativa disponibile sui portali accreditati prima di investire i tuoi risparmi e opta per l'aiuto di un commercialista nell'applicazione delle normative tributarie. Devi sapere che la raccolta fondi con modalità crowdfunding avviene telematicamente per il tramite di bonifici bancari o con l'uso delle carte di credito: i movimenti sul tuo conto sono soggetti a controllo dall'Agenzia delle Entrate.

Per ridurre il rischio di perdite evita di investire grosse somme di denaro e cerca di diversificare i tuoi investimenti, magari scegliendo più di un progetto o partendo dalla soglia minima prevista per il finanziamento di quella campagna. La diversificazione è utile principalmente per prevenire eventuali insolvenze da parte del debitore, ma anche per tutelarti da un punto di vista economico.

Puoi scegliere di rivolgerti alle piattaforme italiane ed internazionali, quindi potrai finanziare progetti anche oltreoceano se questi risultassero allettanti. Non avere paura del web e spingiti oltre, perché il mondo telematico è la frontiera del prossimo futuro. Se la tua paura riguarda il furto di dati, la clonazione delle carte di credito o le possibili truffe, sappi che le piattaforme sono gestite da soggetti abilitati che passano al vaglio centinaia di progetti ogni giorno. Sulla base dei requisiti mostrati dal foundier, i crowdfundiers scelgono quelli più fattibili che siano contemporaneamente credibili e reali. Inoltre le piattaforme di social lending si avvalgono di strumenti di analisi dei potenziali debitori, perché hanno la possibilità di accedere ai registri CRIF per verificare la posizione creditoria di chi chiede denaro. Molti di questi portali tutelano gli investitori con appositi fondi che vengono utilizzati principalmente per remunerare chi ha perso il capitale investito.

Se sei un foundier, un fundier o un backer, con il crowdfunding contribuisci allo sviluppo della società alimentando la solidarietà e l'altruismo, oltre a rappresentare un esempio di iniziativa sociale e di voglia di fare.

Se non ci diamo una mano l'un l'altro finiamo con l'isolarci dal web e dal mondo, perdendo numerose opportunità per migliorare noi stessi e il nostro futuro!

www.ingramcontent.com/pod-product-compliance
Lightning Source LLC
Chambersburg PA
CBHW020613220526
45463CB00006B/2576